Este libro está dedicado a mis hijos - Mikey, Kobe y Jojo.
La compasión es la práctica de la empatía y de la regla de oro.

Copyright © Grow Grit Press LLC. Todos los derechos reservados. Ninguna parte de este libro puede ser reproducida en ninguna forma sin el permiso por escrito de la editorial. Por favor, envíe solicitudes de pedido al por mayor a growgritpress@gmail.com
978-1-63731-358-9 Impreso y encuadernado en los Estados Unidos. NinjaLifeHacks.tv

Ninja Life Hacks™

El Ninja Compasivo

Por Mary Nhin

Mi nombre es el Ninja Compasivo y vivo al final de un largo tramo de la playa. Me gusta ser amable y cariñoso.

Cuando un amigo la está pasando mal, le ofrezco mi apoyo.

Si hay un miembro de la familia que necesita ayuda, comparto mis conocimientos.

Cuando estoy luchando, sé cómo ser amable conmigo mismo.

Pero no siempre he sabido ser compasivo...

Érase una vez, yo no sabía cómo mostrar mucha compasión hacia mí o hacia los demás...

Cuando se burlaban de un ninja, a veces me unía.

Si me invitaban a una fiesta y a otros no, no era considerado con los sentimientos de los demás.

En la práctica de tenis, si me equivocaba, era muy duro conmigo mismo.

El Ninja Valiente solía venir a jugar conmigo. Un día especial, el Ninja Valiente compartió un superpoder secreto conmigo.

¿Sabías que todos tenemos superpoderes? ¡Sí! Nuestro superpoder es la compasión.

¿Qué es la compasión?

Mientras terminábamos nuestro juego, seguía pensando en lo que mi amigo había dicho sobre la bondad y la compasión.

Tomé la decisión de practicar más compasión hacia mí y hacia los demás.

Al día siguiente, el entrenador del gimnasio asignó una competencia de práctica – una carrera de relevos. Ella instruyó a todos a entrar en grupos de tres.

Cuando el Ninja Olvidadizo, que estaba en otro equipo, olvidó por dónde ir, los otros ninjas se rieron.

Pensé en cómo me habría sentido si eso me hubiera pasado a mí.

Así que en lugar de unirme a los demás, ofrecí mi apoyo...

Cuando era mi turno, me tropecé y tuve una fuerte caída.
Por costumbre, empecé a pensar cosas malas sobre mí, pero luego recordé mostrarme un poco de compasión también...

Promesa del Ninja Compasivo

Me prometo a mí mismo en este mismo día
tratar de ser compasivo en todos los sentidos.
A cada ninja grande o pequeño,
los ayudaré a todos y cada uno.
Ser amable conmigo mismo y con los demás,
¡es lo mejor que puedo hacer!

Recordar ser compasivo podría ser tu arma secreta para desarrollar la bondad.

¡Visita ninjalifehacks.tv para obtener imprimibles divertidos gratis!

 @marynhin @GrowGrit
#NinjaLifeHacks

 Mary Nhin   Ninja Life Hacks

 Ninja Life Hacks

 @ninjalifehacks.tv

www.ingramcontent.com/pod-product-compliance
Lightning Source LLC
Chambersburg PA
CBHW040209100526
44583CB00002BA/62